Ralf Schiwy

IT-Systemelektroniker Prüfungsdokumentation: Installation und Konfiguration von 6 Surfplätzen

GRIN - Verlag für akademische Texte

Der GRIN Verlag mit Sitz in München und Ravensburg hat sich seit der Gründung im Jahr 1998 auf die Veröffentlichung akademischer Texte spezialisiert.

Die Verlagswebseite http://www.grin.com/ ist für Studenten, Hochschullehrer und andere Akademiker die ideale Plattform, ihre Fachaufsätze und Studien-, Seminar-, Diplom- oder Doktorarbeiten einem breiten Publikum zu präsentieren.

Dokument Nr. V8339 aus dem GRIN Verlagsprogramm

Ralf Schiwy

IT-Systemelektroniker Prüfungsdokumentation: Installation und Konfiguration von 6 Surfplätzen

GRIN Verlag

Bibliografische Information Der Deutschen Bibliothek: Die Deutsche Bibliothek verzeichnet diese Publikation in der Deutschen Nationalbibliografie; detaillierte bibliografische Daten sind im Internet über http://dnb.ddb.de/ abrufbar.

1. Auflage 2002
Copyright © 2002 GRIN Verlag
http://www.grin.com/
Druck und Bindung: Books on Demand GmbH, Norderstedt Germany
ISBN 978-3-638-64027-5

Abschlussprojekt Winter 2001/2002

Projektbezeichnung:

Installation und Konfiguration von 6 Surfplätzen

Eingereicht von:	Ralf Schiwy
Ausbildungsberuf:	IT – Systemelektroniker
Ausbildungsbetrieb:	Berufsförderwerk Hamm GmbH
Praktikumfirma:	H. electronic GmbH

Inhaltsverzeichnis

Abbildungsverzeichnis _____ 3
1. Themenblatt der Projektarbeit _____ 4
    1.1 Projektbezeichnung _____ 4
    1.2 Kurze Projektbezeichnung _____ 4
2. Ausgangslage und Aufgabenstellung _____ 5
3. Auswahl der Komponenten _____ 6
    3.1 Auswahl der MediaCase-Surfmöbel _____ 6
    3.2 Auswahl der Hardware _____ 6
    3.3 Auswahl der Software _____ 7
    3.4 Begründung für die Entscheidungen _____ 7
        3.41 MediaCase Surfplätze _____ 7
        3.42 Hardwareausstattung _____ 7
        3.43 Softwareausstattung _____ 8
4. Netzwerkplanung und Netzwerktopologie _____ 9
    4.1 Ethernet IEEE 802.3 10BaseT (Basisband) _____ 9
    4.2 Sterntopologie _____ 9
    4.3 Verkabelung _____ 10
    4.4 Zugriffsverfahren (CSMA/CD) _____ 10
    4.5 Netzwerkprotokoll TCP/IP (transmission control protocol / internet protocol) _____ 11
    4.6 Die IP-Adresse _____ 11
5. Installation und Konfiguration der vorinstallierten Komponenten _____ 13
6. Erstellen eines Prüfalgorithmus für das Gesamtsystem _____ 16
7. Schlusswort _____ 18

Anhangsverzeichnis

1. Abkürzungsverzeichnis _____ 19
2. Checkliste MediaCase Surftisch _____ 20
3. Zeitplanung _____ 21
4. Zeitlicher Ablauf der Projektarbeit _____ 22
5. Quellenangaben _____ 23
6. Raumplan (Skizze) _____ 24
7. Kundendokumentation _____ 25
8. Kundenanschreiben und Anmeldeformular für Softwareschulung __ 27
9. Euro-Update für den Münzprüfer _____ 28
10. Bedienungshandbuch WebFinancer pro _____ 29

Abbildungsverzeichnis

Abb. 1: MediaCase Surftisch _____ 6
Abb. 2: Münzprüfer _____ 7
Abb. 3: Die Sterntopologie _____ 9
Abb. 4: CSMA/CD _____ 10
Abb. 5: Die IP-Adresse _____ 11
Abb. 6: Klasseneinteilung der IP-Adressen _____ 12
Abb. 7: Konfiguration ISP _____ 14
Abb. 8: Setkiosk Allg. Einstellungen _____ 14
Abb. 9: Setkiosk Zahlungsarten _____ 15

1. Themenblatt der Projektarbeit

1.1 Projektbezeichnung

Installation und Konfiguration von 6 Surfplätzen. Vernetzung der Workstations über einen Internet Access Router. Anbindung des LAN an das Internet. Prüfalgorithmus für das Komplettsystem.

1.2 Kurze Projektbezeichnung

- Erstellung der Soll- Analyse nach Kundenwunsch
- Auswahl der Hard- und Softwarekomponenten
- Netzwerkplanung und Netzwerktopologie
- Installation und Konfiguration der Hard- und Software
- Erstellung eines Prüfalgorithmus für das Gesamtsystem
- Durchführung der Prüfung an Hand der erstellten Prüflisten

2. Ausgangslage und Aufgabenstellung

Der Kunde hatte sich auf der Homepage der Firma H. electronic GmbH über die Firmenprodukte informiert und bat fernmündlich, um ein Beratungsgespräch in dem Näheres erläutert werden sollte. Der Kunde wurde zu einem Beratungsgespräch ins Unternehmen eingeladen.

Er unterhält ein Kunst- und Kulturmuseum, in dem ein Internet-Cafe (s. Anhang 6) eingerichtet werden soll. Die Internetnutzung soll teilweise gegen Bezahlung aber auch kostenlos (Homepage des Museums) erfolgen. Verschiedene Präsentationen wie 50 Jahre Deutschland, 3 D Mensch usw. sollen kostenpflichtig eingebunden werden können. Als Zahlungsmittel sollen 1, 2, 5 DM und Club-Münzen eingesetzt werden. Es soll eine Textverarbeitungssoftware implementiert werden, aus der Texte per E-Mail versendet werden können. Gleichzeitig soll das Internet-Cafe als Ruhe- und Beschäftigungsraum für Kinder und Jugendliche fungieren. Die Surftische sollen so groß ausgelegt sein, dass zwei Personen pro Tisch surfen und evtl. Schreibarbeiten daran ausgeführt werden können. Als Internet-Zugang steht zur Zeit ISDN zur Verfügung. Es soll jedoch in ca. 6 Monaten auf DSL umgestellt werden können.

3. Auswahl der Komponenten

3.1 Auswahl der MediaCase-Surfmöbel

Als MediaCase-Surfmöbel wurden 6 Surftische (Abb. 1) mit 12 Surfhockern ausgewählt, die zu einem Kreis zusammengestellt wurden.

Abb. 1: MediaCase Surftisch

3.2 Auswahl der Hardware

Die Hardwareausstattung wurde wie folgt gewählt:

Anzahl	Typ	Hersteller	Bezeichnung
6	Gehäuse		AN6492 ATX Midi Tower
6	Netzteil		250 Watt Netzteil
6	Motherboard	Gigabyte	GUXC7-1X-P
6	Prozessor	Intel	Celeron 900 MHZ
6	Arbeitsspeicher	Siemens	128 MB SDRAM PC 133
6	Festplatte	Seagate	ST 320410A 20 GB
6	CD ROM	LG	52 x
6	Floppy	Teak	1.44/FD235HF
6	Grafikkarte	ATI	Rage Fury Pro / Xpert 2000 Pro
6	Soundkarte	Creative	Sound Blaster 128 PCI
6	Netzwerkkarte	D-Link	DFE 530 TX PCI
6	Monitor	Phillips	17 E
6	Lautsprecher	Phillips	Multimediafuss
6	Münzprüfer		EMP1 (EURO) COM200 intern
1	Router	Dray Tek	Vigor2000

3.3 Auswahl der Software

Betriebssystem: Windows 2000
Kiosksoftware: WebFinancer pro Ver. 3.8, incl. Textverarbeitung
Browsersoftware: Internet Explorer 5.5 SP2
Jugendschutzsoftware: CyberSitter

3.4 Begründung für die Entscheidungen

3.41 MediaCase Surfplätze

Als Surfplätze wurde der 6er Kreis Surftische (Abb. 1) ausgewählt, weil er 12 Personen ausreichend Platz bietet und sich perfekt um die vorhandene Säule im Internet-Cafe platzieren lässt.

3.42 Hardwareausstattung

Da bei dem Kunden Präsentationsprogramme eingebunden werden sollen, die eine hohe Anforderung an die Grafikkarte stellen, wurden die Rechner mit einer 32 MB Grafikkarte und 128 MB Arbeitsspeicher ausgestattet. Es wurde ein Intel Celeron 900 MHZ als Prozessor ausgewählt, der den Leistungsanforderungen gerecht wird und ein gutes Preis- Leistungsverhältnis besitzt.
Als Monitor wurde ein CRT Monitor ausgesucht, da er eine höhere Lichtausbeutung besitzt und nicht so empfindlich gegen mechanische Belastungen ist wie ein TFT Monitor. Der TFT Monitor müsste außerdem zusätzlich mit einer Schutzverglasung versehen werden, was nur sehr kostenintensiv umzusetzen ist. Gleichzeitig wurde der CRT Monitor mit einem Multimediafuss ausgestattet.

Abb. 2: Münzprüfer

Aus Sicherheitsgründen wurde für die Bezahlung ein Münzprüfer EMP1 (Eurofähig) mit einem seriellen COM200 Dongle (Abb. 2) genommen, damit kein Münzeinwurf anderweitig simuliert werden kann. Als Netzwerk wurde eine physikalische Sterntopologie mit Cat5 Verkabelung auf die später noch näher ein

gegangen wird verwendet. Für den Zugang zum Internet wurde der Internet Access Router Vigor2000 mit integriertem 6 Port Hub, der sowohl ISDN als auch ADSL unterstützt, bestimmt. Der Router unterstützt 10 Mbit/s, was bei einer realistischen Übertragungsrate von z.Zt. 7-10 KByte/s durchaus ausreicht.

3.43 Softwareausstattung

Als Betriebssystem entschied man sich für Windows 2000, da es einen hohen Sicherheitsstandard erfüllt, ein echtes Multi-Task-Betriebssystem ist, sehr stabil läuft und ein Auto-Login ermöglicht.

WebFinancer pro wurde als Internet Kiosk Software gewählt. WFpro gestattet als zentrale Anwendung nicht nur das abgesicherte Surfen, sondern es können auch E-Mails verschickt werden. Eine eigenständige Textverarbeitung unterstützt den Gast bei der komfortablen Erstellung seiner Dokumente. Darüber hinaus lassen sich bis zu 10 weitere Applikationen für den Surfer freischalten. Alle Applikationen können unterschiedlich kostenpflichtig oder gratis sein. Der Surfer kann aus sechs Weltsprachen wählen: Neben Deutsch, Englisch und Französisch sind die Dialoge der Software auch in Spanisch, Italienisch und Portugiesisch darstellbar. WFpro erlaubt es, die Zugriffsrechte des Nutzers auf die Disketten-, Festplatten- und CD-ROM- Laufwerke zu reglementieren. Befehle wie das Sichern von Dateien oder das Öffnen von Fenstern kann vom Betreiber ausgeschlossen werden.

Da der Kiosk auch Kindern und Jugendlichen zugänglich gemacht werden soll, müssen bestimmte Schlüsselwörter mit z.B. pornografischen oder gewaltverherrlichenden Inhalten von der Darstellung ausgeschlossen werden können. Dieses kann über die WFpro Software durch eine Schlüsselwörterliste und durch die Zusatzsoftware CyberSitter realisiert werden.

4. Netzwerkplanung und Netzwerktopologie

4.1 Ethernet IEEE 802.3 10BaseT (Basisband)

IEEE – Standart 802

Die Vielfalt der möglichen LAN-Systeme in Bezug auf Verkabelung, Übertragungstechnik, Übertragungsgeschwindigkeit, Zugangsverfahren und deren Varianten hat Anfang der 80er Jahre eine straffe Standardisierung notwendig gemacht. Die Arbeitsgruppe 802 des IEEE hat einen Standardisierungsvorschlag für Netzwerke mit einer Geschwindigkeit von bis zu 20 Mbit/s vorgelegt, der schnell richtungsweisend war und weitgehend akzeptiert wurde. Sowohl für Hersteller als auch für Anwender und Systemfachleute bietet die Standardisierung Sicherheit hinsichtlich der nachrichtentechnischen Basis, die notwendig für ein flexibles Design ist.

In der Hauptsache beschränkt sich der Standard auf die unteren zwei Schichten des OSI-Referenzmodells.

4.2 Sterntopologie

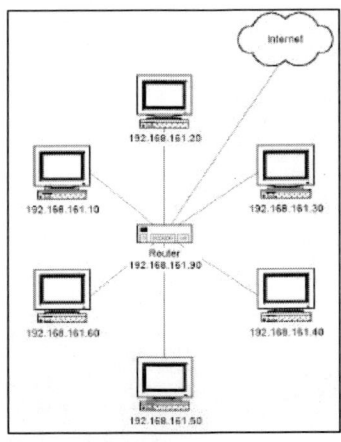

Abb. 3: Die Sterntopologie

Die Arbeitsstationen sind bei der Sterntopologie Abb. 3 über einen zentralen Knoten verbunden. Als Knoten fungiert ein Vermittlungsknoten, der Sternverteiler (Hub), der in dem Internet Access Router integriert ist. Bei der Sterntopologie handelt es sich physikalisch um eine Sterntopologie und logisch um ein Bustopologie, da die Anschlüsse im Hub nur zusammengefasst werden.

Vorteil:

Das Versagen eines einzelnen Knoten wirkt sich nicht auf das Gesamtsystem aus. Außerdem sind zusätzliche Erweiterungen ohne großen technischen Aufwand möglich.

Nachteil:

Bei Ausfall des Zentralknotens fällt das gesamte System aus. Darüber hinaus ist diese Variante des Ethernets sehr kostenintensiv.

4.3 Verkabelung

Als Verkabelung wurde S/STP (Screened shielded-twisted-pair) Cat5 gewählt. Das S/STP-Kabel ist ein symmetrisches Kabel mit vierpaarig verseilten und geschirmten Adern. Es sind sowohl die einzelnen Paare wie auch das gesamte Kabel mit einer Schirmung versehen. Die Schirmung hat den Vorteil, dass sich elektromagnetische Felder, die auf die Stromführung in den Adern zurückzuführen sind, nicht über andere Leitungspaare ausbreiten. Darüber hinaus bieten sie auch Schutz gegen äußere Störfelder. Ein Cat5 Kabel ermöglicht einen erweiterten Frequenzbereich für Übertragungen von Bitraten über 20 Mbit/s oder Frequenzen bis ca. 100 MHz über Entfernungen bis 100 m.

4.4 Zugriffsverfahren (CSMA/CD)

CSMA/CD (Carrier sense multiple access with collision detection) Abb. 4 ist ein Zugriffsverfahren mit Leitungsabfrage und Kollisionserkennung nach einer Access-Methode, das bei lokalen Netzen in Bustopologien mehreren Netzwerkstationen den Zugriff auf das Übertragungsmedium regelt.

Es regelt die Kanalzuteilung wie folgt:
Die sendewillige Station überwacht den Kanal (Carrier Sense). Ist der Kanal frei, wird mit der Übertragung begonnen. Ist der Kanal belegt,

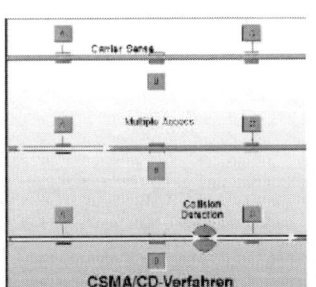

Abb. 4: CSMA/CD

wird er weiter überwacht, bis er als nicht mehr belegt erkannt wird. Dann wird mit der Übertragung begonnen.

Beginnt gleichzeitig eine zweite Station mit der Übertragung, werden die Daten an einer Stelle des Netzwerks kollidieren, der Signalpegel auf dem Übertragungsmedium steigt an; man spricht vom Kollisionspegel. Da alle sendenden Stationen den Übertragungspegel auf dem Medium ständig überwachen, brechen diese Stationen, bei Erkennen einer Kollision, die Übertragung sofort ab und schicken ein spezielles Störsignal, das Jam-Signal, auf den Kanal. Nach Aussenden des Störsignals warten die Stationen eine bestimmte Zeit ab und beginnen erneut die CSMA-Übertragung, beginnend mit dem ersten Schritt, dem Abhören des Mediums (Carrier Sense).

4.5 Netzwerkprotokoll TCP/IP (transmission control protocol / internet protocol)

TCP ist ein verbindungsorientiertes Transportprotokoll für den Einsatz in paketvermittelten Netzen. Das Protokoll baut auf dem IP Protokoll auf, unterstützt die Funktionen der Transportschicht und stellt vor der Datenübertragung eine gesicherte Verbindung zwischen den Instanzen her. Die Aufgabe des IP besteht darin, Datenpakete von einem Sender über mehrere Netze hinweg zu einem Empfänger zu transportieren. Die Übertragung ist paketorientiert, verbindungslos und nicht garantiert.

4.6 Die IP-Adresse

Um in einem Netzwerk identifizierbar zu sein, benötigt ein Teilnehmer zwangsläufig eine eindeutige Kennung. Diese Aufgabe übernimmt im Netzwerk die IP-Adresse. Die IP-Adresse ist ein 32-Bit-Wort, welches sich in zwei Bereiche spaltet:

31	24 23	16 15	8 7	0
Netz			Host	
129.	13.	64.	5	

1. den Netzanteil, der durch die höherwertigen Bits repräsentiert wird,

31	24 23	16 15	8 7	0
Netz		Subnetz	Host	
129.	13.	64.	5	
129.	13.	197.	113	

2. Den Hostanteil, der durch die niederwertigen Bits repräsentiert wird.

Abb. 5: Die IP-Adresse

Die IP-Adresse wird als Folge von 4 Bytes geschrieben. Der Netzanteil definiert dabei das Netzwerk, in dem sich ein Rechner befindet und der Hostanteil indiziert den Rechner innerhalb dieses Netzwerkes. So kann ein Netzwerk mit 24 Bit Netzanteil und 8 Bit Hostanteil maximal 254 Rechner aufnehmen.

Der Hostindex 0 ist reserviert und steht für das gesamte Netzwerk, ebenso ist ein Hostindex, der nur aus Einsen besteht (hier 11111111 binär) als Multicast-Adresse reserviert. Diese Reservierung bedeutet, dass bei dieser Adresse alle Rechner des Netzwerkes angesprochen werden.

Um nun die Netzadresse aus einer gegebenen IP-Adresse zu extrahieren, wurde die sogenannte Netzmaske eingeführt. Sie ist ebenfalls ein 32-Bit-Wert, wobei die höherwertigen Bits, welche bei der IP-Adresse das Netz indizieren, aus Einsen bestehen und die Bits des Hostanteils aus Nullen. Somit werden durch eine AND-Verknüpfung mit der IP-Adresse alle Host-Bits auf Null gesetzt und man erhält dadurch die eigene Netzwerkadresse.

Während in der Theorie die Größe der Netzwerkadressen unerheblich ist, wurden in der Praxis bestimmte Konventionen getroffen, um die Vergabe von IP-Adressen etwas zu erleichtern. So wurden die IP-Adressen in verschiedene Klassen mit jeweils 8, 16 und 24 Bit Netzanteil aufgeteilt. Im Hostanteil dieser Netze können sich dann wieder Subnetze befinden, wobei die Verantwortung für deren Konfiguration und Wartung allein beim Netzbetreiber liegt und nicht mehr von einer globalen Institution geregelt werden muss.

Klasse A Netze:	0	Netz	Host		1.0.0.0 bis 127.255.255.255
Klasse B Netze:	10	Netz		Host	128.0.0.0 bis 191.255.255.255
Klasse C Netze:	110	Netz		Host	192.0.0.0 bis 223.255.255.255

Abb. 6: Klasseneinteilung der IP-Adressen

5. Installation und Konfiguration der vorinstallierten Komponenten

Zunächst wurden die Bioseinstellungen auf den entsprechenden Rechnern vorgenommen. Hierzu musste im Bios Features Setup die Boot Sequence auf C Only eingestellt werden. Diese Einstellung wurde vorgenommen, damit der Benutzer beim booten des Rechners nicht auf andere Medien zugreifen kann.

Weiterhin wurde ein Supervisor Passwort vergeben, um Bioseinstellungen nur vom Betreiber des Internet-Kiosks zu erlauben. Danach wurden im Power Management Setup die Einstellungen User Define Modus vorgenommen und alle anderen Devices auf disabled gestellt. Diese Einstellungen wurden eingestellt damit der Rechner im abgesicherten Modus unter WFpro nicht in den Doze-Mode geht.

Damit der Rechner nach einer Stromunterbrechung wieder in den abgesicherten Modus von WFpro hochbootet wurden noch die Einstellungen im Integrated Peripherals Setup PWON after PWR-Fail auf ON gesetzt.

Nachdem die Einstellungen gespeichert wurden, wurde der Rechner mit der Norton Ghost Diskette gestartet, um das Image Windows 2000 mit allen aktuellen Treibern zu installieren. Dieses Image wir auf einem Firmenrechner ständig auf dem Neuesten gehalten. Es enthält alle aktuellen Treiber und Software-Updates.

Nachdem nun die Netzwerk-, Grafikkarten- und Soundkartentreiber installiert wurden, konnte mit den Netzwerkeinstellungen begonnen werden. Um den Router mit dem Internet Explorer anzusprechen, musste die IP-Adresse des Rechners der Werkseinstellung des Vigor-Routers angepasst werden. Da der Vigor-Router mit der IP 192.168.1.1 konfiguriert war, wurde der Rechner mit der IP 192.168.1.20 versehen. Nun konnte der Vigor-Router mit dem Internet Explorer über die IP 192.168.1.1 angesprochen und neu konfiguriert werden.

Da sich für die Netz-ID 161 (Firmenspezifisch) entschieden wurde, bekam der Router die IP 192.168.161.90. Als DNS-Server wurde T-Online 194.25.2.129 konfiguriert.

Weiterhin wurden zwei ISP (Internet Service Provider) konfiguriert Abb. 7.

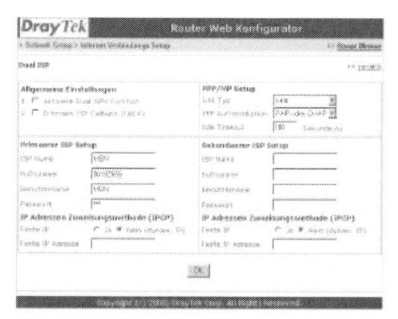

Abb. 7: Konfiguration ISP

Pri./Sek.	ISP:	Rufnummer:	Benutzername:	Passwort:
Primär	MSN	0192658	MSN	MSN
Sekundär	Planet Interkom	0109001917799	Anonymer	Surfer

Weitere Router-Einstellungen mussten nicht vorgenommen werden. Nachdem der Router neu gestartet wurde, konnten die Netzwerkeinstellungen an den einzelnen Rechnern durchgeführt werden. Hierzu wurden folgende IP-Adressen vergeben:

1. Client1 192.168.161.10   Gateway 192.168.161.90   SM 255.255.255.0
2. Client2 192.168.161.20   Gateway 192.168.161.90   SM 255.255.255.0
3. Client3 192.168.161.30   Gateway 192.168.161.90   SM 255.255.255.0
4. Client4 192.168.161.40   Gateway 192.168.161.90   SM 255.255.255.0
5. Client5 192.168.161.50   Gateway 192.168.161.90   SM 255.255.255.0
6. Client6 192.168.161.60   Gateway 192.168.161.90   SM 255.255.255.0

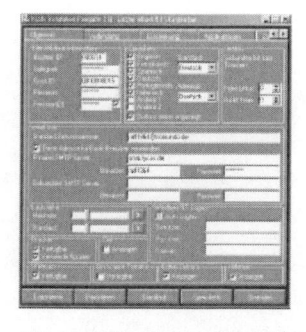

Nach Abschluss der Netzwerkkonfiguration konnte mit der Installation und Konfiguration der Kiosk-Browser Software WFpro 3.8 begonnen werden. Hierbei musste das Setup der Software durchgeführt werden. Anschließend wurde das Software-Konfigurations Tool Setkiosk aufgerufen, um die kundenspezifischen Daten einzutragen. Unter Allgemeine Einstellungen Abb. 8 wur-

Abb. 8: Setkiosk Allg. Einstellungen

den die Sprache, Besitzer ID, Gültigkeit, Kiosk ID, Passwörter, Standard E-Mail Adresse, SMTP-Server, Benutzer und Benutzerkennwort eingetragen. Unter Verbindung musste noch die LAN Verbindung eingefügt werden. Als letzte Einstellung wurde noch der Münzprüfer COM200 an COM1 und die entsprechende Währungstabelle eingetragen werden Abb. 9.

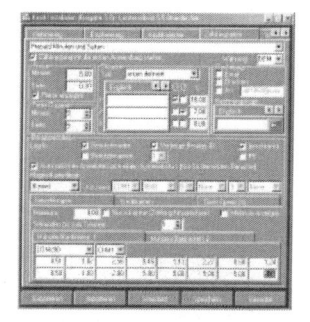

Abb. 9: Setkiosk Zahlungsarten

Nachdem die Einstellungen gespeichert wurden, konnte die Software gestartet werden. Anschließend musste der Registrierungsschlüssel eingegeben werden, um die Software zu lizenzieren. Alle weiteren Eintragungen werden vom Kunden an Hand des WFpro Handbuches vorgenommen. Nach Beendigung der Konfiguration wurde die Software getestet, um zu überprüfen, ob die Verbindung aufgebaut wird und der Münzprüfer funktioniert.

Nach erfolgreichem ersten Testdurchlauf wurde noch die Jugendschutzsoftware CyberSitter installiert. Nun konnten die Münzprüfer und Rechner in die Surftische eingebaut werden.

6. Erstellen eines Prüfalgorithmus für das Gesamtsystem

1. Optische Kontrolle
2. Allgemeine Funktionskontrolle

    2.1 Neustart des Systems und Überprüfung der Bioseinstellungen

    2.2 Neustart des Systems (POST-Test)

3. Monitoreinstellungen überprüfen (Kalibrierung)
4. Kontrolle der Netzwerkeinstellungen und Netzwerkfunktionsprüfung

    4.1 IP-Adressen

    4.2 Gateway

    4.3 DNS-Server

    4.4 Funktionsprüfung (PING)

5. Burn in Test, 3 Mpeg's von der Festplatte und 3 Mpeg's vom CD-ROM Laufwerk mindestens 24 Std. bei abgeschaltetem Monitor testen.
6. Testen der Kiosk-Browser Software WFpro 3.8

    6.1 Kundenspezifische Einstellungen überprüfen

        6.11 Besitzer-ID

        6.12 Gültigkeit

        6.13 Kiosk-ID

        6.14 Passwörter

        6.15 Standard E-Mail Adresse, SMTP-Server, Benutzer und Benutzerkennwort

        6.16 Verbindungsart

        6.17 Datenbank

        6.18 Münzprüfer und Währungstabelle

        6.19 Softwareregistrierung

6.2 Funktionsprüfung WFpro 3.8

   6.21 Münzprüfer testen durch Münzeinwurf

   6.22 Web-Browser testen durch div. Internetseiten

      a. www.sitekiosk.de/th_crash/index.html
      b. www.kosovaelire.com/chat/chat.htm
      c. www.antenne.de
      d. Kontrolle der Jugendschutzsoftware CyberSitter durch Eingabe von Schlagwörtern in den URL's.

   6.23 Überprüfen der Software nach Ablauf der Zeit, ob die Fenster der Applikationen ordnungsgemäß geschlossen werden.

   6.24 Datenbankeinträge kontrollieren
      (http://206.191.7.140/webstats.htm)

   6.25 WFpro in den Secure-Reboot (abgesicherten Modus) starten, um die Tastenkombinationen Alt- Strg - Entf, Esc, Alt - F4, die durch die Software abgefangen werden, zu überprüfen.

6.3 Im abgesicherten Modus den Netzstecker ziehen, um zu kontrollieren, ob der Rechner wieder ordnungsgemäß bootet.

7. Schlusswort

Nach erfolgreichem Durchlauf des Prüfalgorithmus wurden die einzelnen Bestandteile zusammengestellt, verpackt und dem Kunden zugesandt. Wichtiger Bestandteil war die Kundendokumentation (s. Anhang 7) für den Kunden. Diese Anleitung ermöglicht die einfache Selbstmontage und Installation vor Ort.

Des weiteren erhält der Kunde ein Kundenanschreiben inklusive Anmeldeformular für die Softwareschulung (s. Anhang 8), ein Informationsblatt über das Euro-Update für den Münzprüfer (s. Anhang 9) und das Bedienungshandbuch WebFinancer pro (s. Anhang 10[1]).

---

[1] Aus Platzgründen wurde das Handbuch hier in dieser Projektarbeit um die Abbildungen gekürzt. Der Kunde erhält selbstverständlich das gesamte Handbuch.

Anhangsverzeichnis

1. Abkürzungsverzeichnis

BIOS	Basic Input Output System
CD-ROM	Changeable Disk Read Only Memory
CRT	Cathode-Ray-Tube
CSMA/CD	Carrier Sense multiple access with collision detection
DNS	Domain Name Service
DSL	Digital Subscriber Line
ID	Identifications Number
IP	Internet Protocol
ISDN	Integrated Services Digital Network
ISP	Internet Service Provider
LAN	Local Area Network
OSI	Open System Interconnection
PC	Personal Computer
PCI	Peripheral Component-Interconnect
Ping	Packet InterNet Groper
RAM	Random Access Memory
S/STP	Screened Shielded-Twisted-Pair
SMTP	Simple Mail Transfer Protocol
TCP	Transmission Control Protocol
TFT	Thin Film Transistor
WFpro	WebFinancer pro

2. Checkliste MediaCase Surftisch

Auftragsnummer:		
Ausstattung:	getestet OK.	nicht im Auftrag enthalten
Optische Kontrolle		
Allgemeine Funktionskontrolle		
Neustart des Systems		
Überprüfung der Bioseinstellungen		
Neustart des Systems (POST-Test)		
Monitoreinstellungen überprüfen (Kalibrierung)		
Kontrolle der Netzwerkeinstellungen und Netzwerkfunktionsprüfung		
IP-Adressen		
Gateway		
DNS-Server		
Funktionsprüfung (PING)		
Burn in Test (3 Mpeg's von der Festplatte und 3 Mpeg's vom CD-ROM Laufwerk mindestens 24 Std. bei abgeschaltetem Monitor testen)		
Testen der Kiosk-Browser Software WFpro 3.8		
Kundenspezifische Einstellungen überprüfen		
Besitzer-ID		
Gültigkeit		
Kiosk-ID		
Passwörter		
Standard E-Mail Adresse, SMTP-Server, Benutzer und -kennwort		
Verbindungsart		
Datenbank		
Münzprüfer und Währungstabelle		
Softwareregistrierung		
Funktionsprüfung WFpro 3.8		
Münzprüfer testen durch Münzeinwurf		
Web-Browser testen durch div. Internetseiten		
www.sitekiosk.de/th_crash/index.html		
www.kosovaelire.com/chat/chat.htm		
www.antenne.de		
Kontrolle der Jugendschutzsoftware CyberSitter durch Eingabe von Schlagwörtern in den URL's.		
Überprüfen der Software nach Ablauf der Zeit ob die Fenster der Applikationen ordnungsgemäß geschlossen werden.		
Datenbankeinträge kontrollieren (http://206.191.7.140/webstats.htm)		
WFpro in den Secure-Reboot (abgesicherten Modus) starten, um die Tastenkombinationen Alt- Strg - Entf, Esc, Alt - F4, die durch die Software abgefangen werden, zu überprüfen.		
Im abgesicherten Modus den Netzstecker ziehen, um zu kontrollieren, ob der Rechner wieder ordnungsgemäß bootet.		

Alle Tests sind nach dem Vier-Augen-Prinzip durchzuführen. Der Mitarbeiter, der die Entkontrolle durchführt, ist für die Vollständigkeit und Funktion des Gerätes verantwortlich.

Datum:_____ Techniker Montage:_____ Techniker Endkontrolle:_____

3. Zeitplanung

Strukturanalyse:	Zeitanalyse:
Bedarfsermittlung beim Kunden und Planung der benötigten Komponenten.	5,00 Std.
Materialauswahl und Beschaffung	2,00 Std.
Installation und Einrichtung der vorinstallierten Komponenten. (PC-Systeme und Internet Access Router)	8,00 Std.
Erstellen eines Prüfalgorithmus für das Gesamtsystem	10,00 Std.
Durchführung der Prüfung an Hand der erstellten Prüfungsunterlagen	2,00 Std.
Dokumentation	8,00 Std.
Gesamt:	**35,00 Std.**

4. Zeitlicher Ablauf der Projektarbeit

Stundenanzeige (Gesamt 35 Arbeitsstunden)

Arbeitsprozesse	1	2	3	4	5	6	7	8	9	10	11	12	13	14	15	16	17	18	19	20	21	22	23	24	25	26	27	28	29	30	31	32	33	34	35
Bedarfsermittlung und Planung der benötigten Komponenten	▓	▓	▓	▓	▓																														
Materialauswahl und Beschaffung						▓	▓	▓	▓																										
Installation und Einrichtung										▓	▓	▓	▓	▓	▓	▓	▓																		
Erstellen des Prüfalgorithmus																		▓	▓	▓	▓	▓													
Durchführung der Prüfung																							▓	▓	▓	▓	▓								
Dokumentation																												▓	▓	▓	▓	▓	▓	▓	▓

5. Quellenangaben

- Internet
- Bilderarchiv der Firma H. GmbH
- Prospektmaterial der Firma H. GmbH
- Datacom mitp-Lexikon
- Herdt Verlag Netzwerktechnik
- Gehlen Tabellenbuch
- Vigor2000 Handbuch

6. Raumplan (Skizze)

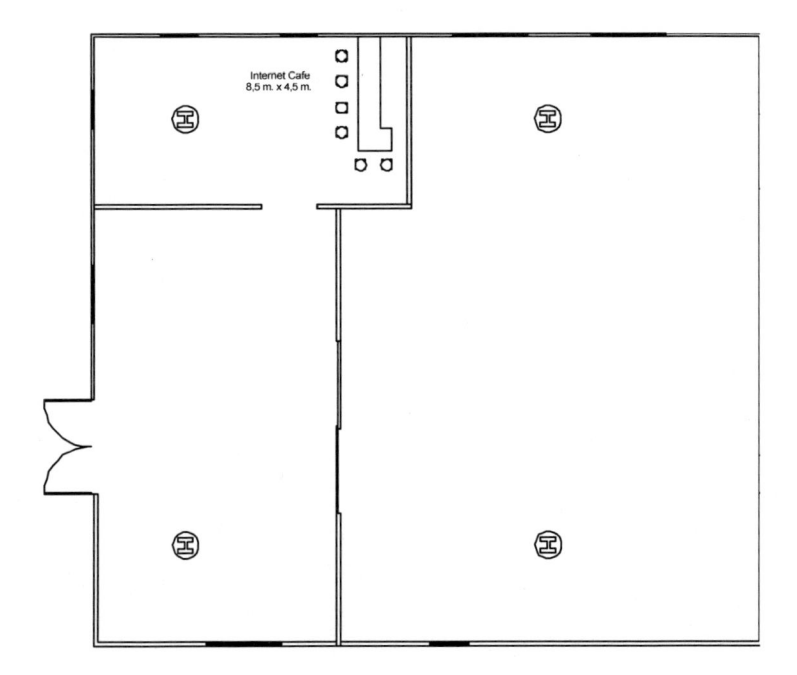

Internet Cafe
8,5 m. x 4,5 m.

7. Kundendokumentation

Lieferumfang:

- 6 Surftische
- 12 Surfhocker
- 6 Monitore incl Multimediafüsse
- 1 Vigor-Router incl. Netzteil und ISDN-Kabel
- 1 Zubehörkarton   - 6 Netzwerkkabel a 3 m
  - WFpro Software inkl. Handbuch
  - CyberSitter Software
  - Kundenanschreiben
  - Validationcode
  - Surftischschlüssel

Installationsanleitung:

Aufbau der Surftische und Anschluss der Monitore incl. Multimediafüsse:

Die Multimediafüsse an die Monitore befestigen. Das jeweilige Monitorkabel mit dem blauen Stecker führen Sie durch die Kabeldurchführung der Tischplatte und stecken diesen in den Anschluss der Grafikkarte. Dieser befindet sich auf der Rückseite des Rechners.

Aus den Surftischplatten kommen verschiedene Anschlusskabel, die Sie wie folgt anschließen:

1. Spannungskabel (hellgrau): auf der Rückseite des Monitors
2. Spannungskabel (schwarz): in den Multimediafuss
3. Soundkabel (grau, grüner Stecker): in den Multimediafuss (grüne Buchse)

Aus dem Boden der Surftische kommen die Hauptspannungskabel und die Netzwerkkabel für den Vigor-Router. Diese werden wie folgt angeschlossen:

1. Spannungskabel (weiß): an die Stromversorgung
2. Netzwerkkabel (grau): s. Installation Vigor2000 Router

Bitte installieren Sie den Vigor2000 Router wie folgt:

1. Netzteil : an Port 1 (PWR)
2. Netzwerkkabel (grau):an Port 3 – 8
3. ISDN-Kabel (schwarz): an Port 10 und Ihren ISDN-Anschluss

Das Netzwerk wurde mit folgenden Einstellungen versehen:

1.	Client1	192.168.161.10	Gateway	192.168.161.90	SM	255.255.255.0
2.	Client2	192.168.161.20	Gateway	192.168.161.90	SM	255.255.255.0
3.	Client3	192.168.161.30	Gateway	192.168.161.90	SM	255.255.255.0
4.	Client4	192.168.161.40	Gateway	192.168.161.90	SM	255.255.255.0
5.	Client5	192.168.161.50	Gateway	192.168.161.90	SM	255.255.255.0
6.	Client6	192.168.161.60	Gateway	192.168.161.90	SM	255.255.255.0

Für das Router Management Setup wurde das Passwort „ Password" vergeben. Dieses Passwort können Sie im Router Management Setup nach Ihren Wünschen verändern. Es sollte jedoch unbedingt ein Passwort vergeben sein, da sonst die Möglichkeit besteht von Außen auf ihr System zuzugreifen.

Weiterhin sollte die Fernwartung aus den gleichen Gründen deaktiviert bleiben.

Starten des Systems

Einschalten der Rechner (Schalter auf Vorder- und Rückseite), der Bildschirme und der Multimediafüsse.

Die Rechner fahren automatisch in den abgesicherten Modus der Kiosk-Software WebFinancer pro (Kiosk-Startseite) und sind funktionsbereit.

Sie können die Rechner ausschalten, indem Sie die Stromversorgung unterbrechen. Zum erneuten Starten brauchen Sie nur die Stromversorgung wieder herstellen.

Veränderung an der Kiosk-Software:

S. WebFinancer pro Bedienerhandbuch

Anmerkung: Um die Kiosk-Software zwecks Änderungen zu verlassen, muss folgendes Passwort eingegeben werden: **Password**

Das Passwort tippen Sie über die Tastatur ein, wenn Sie sich auf der Kiosk-Startseite befinden.

Bei Fragen stehen wir mit unserer Hotline zur Verfügung.

Schulungen

WebFinancer pro und WebFinancer (SiteKiosk)

Die hier angegebenen Termine beziehen sich auf die WebFinancer pro Gruppenschulung zum Preis von 148,00 Euro zzgl. MwSt. pro Person und Schulung.
Sofern die h. electronic nicht ausreichend viele Anmeldungen für den jeweiligen Schulungstermin erhält, werden alternative Termine angeboten.
Auf Wunsch können auch individuelle Einzelschulungen angeboten werden.

Dienstag, 09.10.2001, 8-12 Uhr	Dienstag, 06.11.2001, 8-12 Uhr
Dienstag, 11.12.2001, 8-12 Uhr	Dienstag, 08.01.2002, 8-12 Uhr
Dienstag, 19.02.2002, 8-12 Uhr	Dienstag, 12.03.2002, 8-12 Uhr
Dienstag, 09.04.2002, 8-12 Uhr	Dienstag, 14.05.2002, 8-12 Uhr
Dienstag, 11.06.2002, 8-12 Uhr	Dienstag, 09.07.2002, 8-12 Uhr
Dienstag, 13.08.2002, 8-12 Uhr	Dienstag, 10.09.2002, 8-12 Uhr
Dienstag, 08.10.2002, 8-12 Uhr	Dienstag, 12.11.2002, 8-12 Uhr
Dienstag, 10.12.2002, 8-12 Uhr	

Hiermit melde(n) ich/wir uns für die

☐ WebFinancer pro Schulung am ____, um 08:00-12:00 Uhr,

Ich/Wir kommen(n) mit ___ Person(en).

_____ _____
Firma   Ansprechpartner

_____ _____
Strasse, Hausnummer   Land, PLZ, Ort

_____ _____
Tel   Fax

_____ _____
Ort, Datum   Unterschrift

Ausdrucken, ausfüllen und abschicken per Post oder Fax an:

An alle
WebFinancer-Kunden

Wir möchten, dass Sie erfolgreich sind!

Sehr geehrter Kunde,

für den Kauf des WebFinancers bedanken wir uns recht herzlich. Der Erfolg dieses Produktes in Ihren Händen hängt ganz entscheidend von der Installation und Konfiguration ab.

Wir haben Kunden, die bei gleichen Voraussetzungen einen bis zu 10-mal höheren Umsatz erzielen als ihre Mitbewerber. **Wieso ist das so?**

Hier spielen viele Faktoren eine Rolle. Neben der Platzierung und Bewerbung Ihres Internetplatzes ist die Konfiguration wichtig. Eine korrekte Installation, damit das System stabil läuft- die Einrichtung einer ansprechenden Startseite- die gezielte Kundenansprache mit interessanten Chat-Räumen und Emailprogrammen – die beste Einbindung von Werbung – die richtige Einstellung der Einwählparameter und vieles mehr.

In Zukunft können Sie diese Arbeiten selber erledigen. Selbstverständlich sind wir Ihnen hierbei behilflich oder schulen Sie optimal. Sie werden sehen, dass sich diese kleine Investition sehr schnell rechnet und Ihnen die gewünschten Gewinne beschert.

Nutzen Sie unser beiliegendes Bestellblatt und ordern Sie noch heute unsere Dienstleistung.

Wir wünschen Ihnen viel Erfolg und verbleiben mit freundlichen Grüßen

Ihre

h. electronic GmbH

Aktuelle Meldungen zum EURO-Update der EMP 800 Münzprüfer für die WebFinancer - und WebFinancer pro - Internetautomaten

Stand Dezember 2001

Sehr geehrter **WebFinancer** Kunde,

wir stehen kurz vor einem denkwürdigen Schritt in der europäischen Geschichte. Die Einführung der **EURO**-Währung ist eine einmalige Aktion in der weltweiten Geschichte. Zeitgleich am 1. Januar 2002 werden 12 europäische Nationen ihre alte Währung gegen den **EURO** eintauschen.

Ich muß nicht erwähnen, welcher Aufwand für Banken, Einzelhändler und auch für Sie, den Automatenaufsteller, hinter dieser Aktion steht. Die heddier electronic GmbH hat sehr früh mit der Auslieferung der neuen **EURO**-fähigen Münzprüfer begonnen. Ebenfalls wurde die Update-Aktion durch die Einführung der **WebFinancer** pro Software begleitet. Dieses Internet-Maschinen-Betriebssytem ist 6-sprachig und kann 2 weitere Sprachen lernen. Hierdurch wird auch unsere Software **EURO**-fähig.

Seit Anfang September sind für Firmenkunden **EURO**-Münzen im „Sub Front Loading-Verfahren" bei den Banken und Sparkassen verfügbar. Diese Münzen wurden auf Anfrage an den Automatenaufsteller ausgegeben. Erfahrungen mit diesen Münzen haben gezeigt, dass ein Großteil der Münzen ohne große Probleme erkannt wird. Allerdings hat man es nicht geschafft, alle Münzen in gleich guter Qualität zu produzieren. Da zur Zeit die **EURO**-Münzen in 16 verschiedenen Prägeanstalten (Deutschland hat 5 Münzen: Berlin, Hamburg, Karlsruhe, München, Stuttgart) gefertigt werden und jedes Jahr wieder neue Münzen geprägt werden, gibt es Münzen mit unterschiedlicher Qualität im Markt. Diese sind aber nur schwer zu unterscheiden, da alle Münzen das Jahr 2002 als Prägejahr anzeigen, obwohl Münzen in den Jahren 1999, 2000 und 2001 geprägt wurden. Setzt man voraus, dass es von jedem der 12 Länder drei Prägejahre gibt und wir zukünftig 4 **EURO**-Münzen in unseren Internet-Automaten unterstützen, dann sind 192 unterschiedliche Münztypen denkbar. Leider sind hier bei der Produktion Abweichungen entstanden, die die einzelnen Nationen und deren Prägeanstalten zu vertreten haben.

Da noch nicht alle Münzen aus allen Prägeanstalten und –jahren der 12 Nationen bekannt sind, kann man momentan noch nichts Abschließendes zur Funktion und Qualität der einzelnen Münzen sagen. Grundsätzlich stellt dieses aber kein Problem da, da die von der Firma wh Münzprüfer entwickelten Münzprüfer der Serie EMP 800 v4 jederzeit aktualisiert werden können (Upload). Dieses kann durch Sie mit dem Palm-basierenden Produkt whpocket (für Palm OS) oder durch uns (vor Ort oder in unserem Servicecenter) erfolgen.

Um Ihren **EURO**-tauglichen Münzprüfer umzustellen, müssen Sie folgende unten beschriebene Arbeiten vornehmen. Die **EURO**-Münzen müssen mit einem DIP-Schalter auf dem Münzprüfer freigegeben werden. Bedingt durch Abweichungen bei den österreichischen **EURO**-Münzen ist die Einstellung hier abweichend. Es ist ebenfalls zu empfehlen, die vorhandene Altwährung so schnell wie möglich über die Software zu deaktivieren.

Wir wünschen Ihnen viel Erfolg bei der Umstellung Ihrer EMP 800 v4 Münzprüfer.

Mit freundlichen Grüßen

Ihre h. electronic GmbH

DIP-Schaltereinstellung für Münzprüfer mit DEM, NLG, BEF, EURO und ESP

Einstellungen während der Übergangszeit (EMP1 und EMP3):

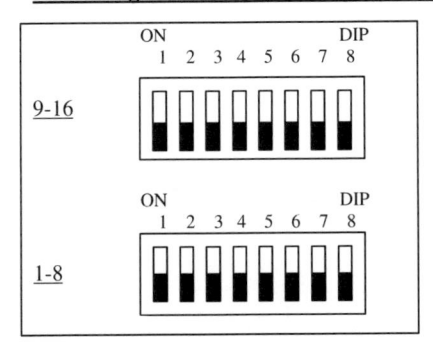

9-16: ON DIP 1 2 3 4 5 6 7 8

Obere Bank 9-16 SW7 auf OFF

1-8: ON DIP 1 2 3 4 5 6 7 8

Einstellungen nach Ende der Übergangszeit:

Euro aktiviert:	Wenn DIP Schalter 15 auf OFF geschaltet wird (nach unten)
DEM deaktiviert:	Wenn DIP Schalter 16 auf ON geschaltet wird (nach oben)
NLG deaktiviert:	Wenn DIP Schalter 2 und 7 auf ON geschaltet wird (nach oben)
BEF deaktiviert:	Wenn DIP Schalter 14 auf ON geschaltet wird (nach oben)

DIP-Schaltereinstellung für Münzprüfer mit DEM, CHF, ITL, ATS und EURO

Einstellungen während der Übergangszeit (EMP2):

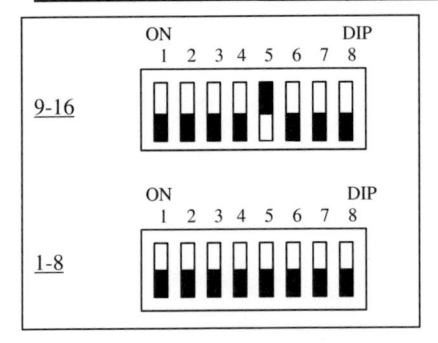

9-16: ON DIP 1 2 3 4 5 6 7 8

Obere Bank 9-16 SW7 auf OFF
Obere Bank 9-16 SW5 auf ON

1-8: ON DIP 1 2 3 4 5 6 7 8

Einstellungen nach Ende der Übergangszeit:

Euro aktiviert:	Wenn DIP Schalter 15 auf OFF geschaltet wird (nach unten)
DEM deaktiviert:	Wenn DIP Schalter 16 auf ON geschaltet wird (nach oben)
CHF deaktiviert:	Wenn DIP Schalter 14 auf ON geschaltet wird (nach oben)
ITL deaktiviert:	Wenn DIP Schalter 13 auf ON geschaltet wird (nach oben)
ATS deaktiviert:	Wenn DIP Schalter 12 auf ON geschaltet wird (nach oben)

Achtung!!! Achten Sie auf den korrekten Anschluß des Controllerkabels am Münzprüfer. Eine Verpolung bei der Installation führt sofort zum Totalschaden.

Bei Rückfragen stehen wir Ihnen gerne unter unseren HOTLINE-Nummern 02546/911-25 bzw. -32 zur Verfügung.